L-P's lyriske poesi

Et billede på verdens disharmoni,

men kærligheden i os alle forbliver,

også selvom hverdagen river

Indholdsfortegnelse

"Virkeligheden"

Dagbog

Min dagbog fyldes ud med lyrik,
for det meste med glade ord om venner og familie der ligger i
hjertet bag mit blik,
men nogen gange med frustration når tankerne fyldes med
panik,
om skæbne, fremtid, kærlighed og hvor meget jeg nu skal drik'.

Dagen efter til party med høj musik,
går til party's hvor man dagen efter tænker "hvad fanden var
det lige der foregik?",
aftenen føles som et magisk trick,
en film der er en blanding af en krimi, tegnefilm, dokumentar og
komik,
om en kærlighed som hovedpersonen aldrig fik,
du må drage til et andet sted hvis du vil indfri din trang til erotik,
fik han at vide af en kvinde på sin vej, mens han ledte efter
kærligheden,
"tak" svarede han udmattet og beskeden,

Men han drager blot videre af samme vej, af samme spor,
for han har de dejligste venner der i hans hjerte bor.

Superlim

At hører efter nu vil jeg gerne foreslå,
for du bliver overrasket når du ser hvad jeg kan opnå,
med tekster der informerer,
om hvad livet det leverer,
giv verden nu lidt ærlighed,
en smule mere kærlighed, og værdighed,
det her samfund kan ikke blive ved,
jeg er vred, arrig og rasende,
du vil ikke stå i vejen når jeg kommer brasende,
ind af døren som var jeg et swat team,
hurtigere virkende og mere effektiv end superlim,
jeg er sublim og bliver bare ved,
er klar til min afsked, et bedre sted,
men håber ikke du skal med,
for du står der smuk og vidunderlig,
bliver imponeret, når jeg går forbi,
og du er ikke rig, men alligevel en overklasse pig',
og du kan alle få, men hold dig til dem der holder dig ovenpå.

Talent

Jeg er forvirret og forsvundet i et liv fyldt med kaos,
med blodsultne dæmoner konstant løbende lige bag os,
jeg prøver visuelt at fremstå som en boss,
som ingen vil trods',
folk fornemmer hurtigt jeg ikke vil slås,
er ikke typen det gør nogen fortræd,
jeg foragter alt had,
vil inderst inde bare ha' at du er glad,
serverer glæden på et sølvfad,
jeg bringer glæde i dine øjne som når du får rigtig god mad.
Vi snakker som på verdens allerbedste restauranter,
hvor de kun den bedste mad forlanger,
står ved det lyriske gourmet bord,
konstruerer ord efter ord,
sætning efter sætning
vers efter vers,
producerer bedre ting end hvad der lige kan læres,
så talent må der være noget af,
jeg må bare håbe det er et talent folk vil ha'.

Tanken

Forladt, ensom og paranoid,
konstant i ødelæggende inderlig lokal strid,
men alligevel et veludviklet individ,
der formår at holde sig fra bitterhed,
i form af sikkerhed,
fra de bedste venner jeg aldrig ryger ned,
ender altid med at blive ved.

For det er mig der observerer, konstruerer, finansierer og
eksporterer,
de bedste ideer,
jeg er bedre end du lige havde regnet med,
fokuseret på venskaber og venlighed,
det lige nu du hører et nyt fænomen finde sted,
ikke sindssvag som en narkoman,
men dog afhængig af vennerne som er i min klan.

Træt af falskhed og arrogance,
alle mennesker fortjener samme chance,
lighed på alle punkter,
giver et samfund der funger'.

Væk med egoisme og ondt sind,
bare vend den anden kind,
kun sådan forbliver vi en stærk nation,
hvor der ikke bliver set ned på nogen.

Tag det roligt

Går forbi problemer med musik i øregangen og vennerne i
tankerne,
tænker samtidig, "fuck lige det der, med at røve alle bankerne",
ingen grund til at løbe med gøb op til bank skrankerne,
en sådan gerning vil kun gøre dig mere angrende,
mentalt vil du blive tvunget ud over alle plankerne,
det ender med du sidder på bænken sammen med drankerne,
tænk dig om før du handler, det er ikke værd alle skavankerne.

Træk i håndbremsen og ta' det chill',
lad vær med at flyv på en ecstacy pil',
får når du sidder bag tremmer står din verden pludselig helt
still',
og tro mig homie, det er ikke noget du gerne vil,
du vil hellere fyrre op i kinagrill,
og fråde indtil du næsten kan tril',
eller ligge på sofaen og se dit ynglings hold spil',
du ved, bare ta' det chill,
se Makienok bombe basser ind,
mens Ståle er ved at gå ud af sit gode skind,
nyder det foran tv'et med en kæmpe pind,
nyder de gode tider mens solen bliver ved med at skin'.

Eventyr

Flyver væk ligesom Peter Pan,
hurtigere end Snurre Snup på en løbe ban',
ingen damer vil mig, ligesom Johny Bravo,
og jeg lystrer ikke på a-port som Pluto.

I denne egocentrerede verden bliver folks næser ved at gro,
for folk de lyver ligesom Pinocchio,
de går kun efter magt ligesom Castro.

Men hvalens gab møder jer en dag,
i form af ensomhedens overtag,
for enden af vejen står et udhulet træ,
med 3 hunde indeni,
jeg dykker ned for at høre hva' de har at si'.

Solidariteten er for længst fløjet,
så de anbefaler mig at finde fyrtøjet,
en af os skal jo tage det første træk,
så jeg prøver at løfte byrden som var jeg Skipperskræk.

Men folk er ikke til at se igennem som vand,
ville ønske jeg havde røntgen syn ligesom Supermand,
så jeg rykker op i min forstand,
så jeg ikke ender som Erik Spandmand,
drager til Aladdins land,
og flyver på et tæppe hen over det brune sand,
drømmer om at finde min egen Jasmin,
men i stedet drukner jeg mig selv i ju og hvidvin.

Ville ønske jeg kunne udligne de sociale skel ligesom Robin Hood,
men desværre er den slags aktioner strengt forbudt,
i stedet bliver der ført krig,
om vores ører flyver krudt,
nogle individer jagter kun profit,
de er ligeglade med at folk bliver skudt.

Så mange mennesker bliver ved med at lide,
det gør at man mister lysten til at leve,
men jeg må bide i det sure æble ligesom Snehvide.

Forår

Prinsessen på ærten er gammel poesi,
men jeg sover også dårligt i den seng som jeg sover i,
dog er der ingen ært og kun én enkel madras,
men alligevel er mit hoved fyldt med en masse pres,
mens jeg tænker hvor langt der mon er til Mars,
refleksioner ytret via lyriske bars,
det er min måde at holde ud på,
og måske var det ikke lige hvad du forudså,
da det var de andre skakspillere jeg skulle slå,
men nu sigter jeg højere,
det fornuftig tankegang generelt jeg prøver på at opnå.

Føler mig rig på sociale relationer,
dropper ikke bare dem for millioner,
koncentrerer mig ikke om ambitioner,
det kun mine venners velbehag der ligger i mine refleksioner,
ønsker at holde dem ude af problematikker,
og ligesom Kesi har jeg også en vest der er skudsikker,
holder følelser ude, men også inde,
nogle gange måtte de godt bare ku' forsvinde,
fx et dårligt minde,
der sidder fast for evigt,
så er friheden svær at finde,
men mine venner gør, at vejen opad livets bakke føles mindre hård,
trods indre sår,
så gør de min hverdag smuk,
ligesom træerne til forår.

Solidaritet

Som i kan se er jeg ikke en pimp'ed op smart fyr,
men en ægte dreng fra en af de der provinsbyer.

Klædt i joggingtøj dagligt fordi det passer mig bedst,
hvis det generer dig, så kom,
har ikke brug for en projektil sikker vest.

Bekymrer mig ikke om udseende og diamanter,
jeg vågnede op en dag,
og fucking solidariteten fandt mig,
men kapitalismens dæmoner ligger på lur som en grådig
panter,
pludselig angriber den og dræber alle,
hvis vi skal undgå det,
skal vi i gang med "at give den en ordentlig skalle",
ellers er vores dage snart talte,
vi et småt land, men skal ikke være et småligt et,
det var hvad dronningen fortalte,

I stedet for empati pimper folk deres øse,
kun blik på den næste check de skal indløse,
med så kolde hjerter må i fandme fryse.

-Så mange mærker smerte,
hvornår mon det ophører,
hvornår stopper kravet på mere,
går efter at sabotere,
hvad kapitalismen repræsenterer.

Livets spil

Hvis du vil ændre spillets regler må du spille spillet først,
men jeg jagter at gøre indtryk med så utrolig tørst,
agter ikke magt eller finansiel gevinst,
men ønsker at forskellen på folk i samfundet er aller mindst,
alle er ligeværdige spillere i livets spil,
du er ikke en bedre brik fordi du pimp'ed up og har en mil,
du rykker med samme fart frem i livet,
en dag ad gangen,
vores samfund i dag er vendt helt på vrangen,
mentaliteten skal foldes omvendt ud,
i en ny generation uden dollarblik og løftebrud,
uden konstant krav om mere, og pistolskud,
uden egoisme og uden sammenholdets sammenbrud.

Glade knægte

For altid i udvikling,
tættere på himlen end en fly-ving',
ikke en ny ting,
for mig og drengene er højere end din forventning,
hver dag vi ruller op i smokers choice,
men vi snakker ikke nogle gangster boys,
bare en flok unge og glade knægte,
der hellere vil slappe af end at fægte,
med de der hårde gutter,
for det er der ingen grund til,
hvis du i sidste ende vil vinde livets spil,
vold, vrede og aggression fører dig ingen vej,
så drop det shit og dit liv vil forbedre sig.

Overskud

Sociale abstinenser,
skaber for nogle de helt forkerte tendenser.

Folk ændrer på sig selv for at fremstå som samfundet mener
de skal,
tro mig, vores Nation står for fald.

Når det er egoisme der er det fremtrædende element,
det skal vi for helvede snart ha' vendt.

Til at folk ser mere solidarisk på det
sådan skaber vi som helhed succes
det må du da forhåbentligt ku' se
med mindre du har mentalitet som om du stadig bruger ble.

Helt tom for fornuft og viden om, hvad det vil betyde at forholde
sig konstruktivt til vores virkelighed,
hvis du er et voksent individ,
så skil dig af med den snæver-synet-hed,
og mærk hvordan glæden i din krop bare suser af sted,
fordi du ved besked,
om dit overskud til også at se tingene som andre gør,
for så vil der automatisk stå venner ved din dør.

Smilet

Man vælger selv hvordan man tænker og hvordan man træffer valg,
om man laver para på ejendomme, rengøring, offentlige administrationer eller ju salg,
der er ikke noget du indiskutabelt skal.

Kun valg og de følgende konsekvenser,
det sagde Anden engang i en af de der komik udsendelser.

For livet det stopper ikke op og venter,
på at du er færdig med dine trosbekendelser,
tanker fylder mit hoved med alle mulige filosofiske emner,
bruger man fornuften,
bruger man etikken,
er det overhovedet noget,
og hvordan fungerer vores erkendelser.

Er der en morale og har den for alle det samme grundlag,
eller kan den vælges til og fra,
afhængigt af mennesket der ligger bag,
alt det her filosofi er ikke en nem sag,
min mission i livet er blot at overleve til den næste dag,
dog tilbøjelig til at vifte med det hvide flag,
den trang overskygges af mine venners opslag,
det minder mig om glæden ved deres bekendtskab.

De gør at jeg fortsætter min tilværelse i skolen,
og ikke bare hiver pistolen,
eller sender missiler ligesom jægerpiloten,
de varmer som var jeg helt tæt på solen,
så jeg sætter mig endnu engang på stolen,

kigger på tavlen,
og så opstår der et smil i min mundvig,
for jeg er kun blandt folk som jeg rigtig godt kan li'.

Balance

Sidder blandt venner og smiler,
folk kommer ikke længere på cykler, men i biler,
vi er blevet en flok ældre herrer,
man føler sig faktisk gammel når man ikke er barn mere,

Selvom livet stadig er dér foran en,
man er stadig ung, stadig tid til at råbe og kaste med sten,
i et glashus bygget af tillid,
til samfundet, venner, familie og et hvert individ.

Fordi jeg tror på det bedste i alle mennesker,
så må jeg se på hvor jeg nu ender,
hvis der er kamp ser jeg helst mit eget skib synker,
de andre ville måske drukne, mens jeg er elite dykker,
skal nok finde ind til land igen,
tilpasse mig forholdene og være stærk,
uanset hvor jeg så er blevet ført hen.

Der står børn, unge knægte, kvinder og mænd,
de stirrer på mig, jeg blinker igen,
fortæller dem jeg er en troværdig ven,
selv uden ens sprog leverer mine sociale kompetencer,
en tilstand der er så fredelig at der er flere forskellige balancer,
balancer der balancerer på andre balancer,
håb, venlighed og tro der giver venskaber chancer,
så inden skibene de synker, der kaster de anker,
ord har flyttet aggressioner til bedre tanker,
måske er mine refleksioner på vej ned, men mit hjerte banker,

Tøjklemme

Alt vi alle ønsker er tryghed og glæde i sidste ende,
holde fast på maskineriet som en tøjklemme,
enten med duller og dollars på køkkengulvet,
eller kone, børn og grillmad over bålet,

Rockmusik eller blid jazz,
skovl og blomster i hånden eller kort og pas,
uanset hvordan det så gøres, jagter vi alle den samme skat,
kald det penge, prestige, kærlighed eller alt det andet pjat,

Du ønsker at være glad og tilfreds med dig selv,
anerkendelse af din person og sikring af dit eftermæl',
måske påstår du, at du er ligeglad med hvad andre de tænker,
men fortæl mig om du børster dine tænder hvis din ånde
stinker,

Måske fordi du føler det gør dig selv tilfreds,
men det er kun fordi du ved, at alt så er på plads,
klar til omverden skal se din pæne hat,
dit pæne smil og din trænede krop,
alle de snæversynede mennesker har fyldt min kop op,
bægeret fyldt med frustrationelle refleksioner,
over folk der skader andre folk, fordi blikket kun er millioner.

Livline

Jeg manipulerer folk til at tro hvad jeg ønsker,
men jeg ønsker kun at folk de drømmer,
og forbliver i drømmen,
gør den til virkelighed,
jeg ønsker ikke de falder ned,
jeg selv springer over hækkens laveste sted,
lever som konge i et Ju paradis,
måske dumt men fuck det, alt har sin pris,
en ting jeg har formået at forstå,
er, at uanset lykkemængden er gråd ikke noget du kan undgå,
måske er der ufattelig få,
men selv hvis din Ferrari er rød,
kan din verden være grå,
din fremtid er svær at spå,
men er nu rimelig sikker på du nok skal bestå,
slap nu af jeg blander mig ikke i dit liv,
jeg vælter bare rundt her i gaden pisse stiv,
synes piger er smukke og solnedgange er helt fine,
lad mig please lige få en sidste livline,
har ikke fortjent det, det ved jeg godt,
men vi kan ikke alle skinne så satans flot,
depressiv men stadig venlig af sind,
fortabt men stadig ikke blind,
ikke bange for at blive til grin,
stadig med et metalhårdt skind.

Champagne

Jeg kommer fra bunden,
du ved det vi kalder afgrunden,
her hvor det gøb' man flasher i sin baggård,
ikke muskler og mavehår,
her hvor beløb bliver beordret på befaling,
her hvor du bliver bagbundet, brændt og stukket,
hvis der ikke kommer betaling,
her hvor folk gir en fuck for lov og regler,
her hvor udkigsposter tramper rundt i pedaler,
her hvor folk har meget i munden som pelikaner,
her hvor et enkelt skud ændrer alle dine planer,
her hvor udstødninger ikke stoppes med bananer,
men bombes så fælge hænger i altaner,
metaldele fordeles blandt blokkens bygninger,
ligesom materielle goder fordeles i folketinger,
korruption er en væsentlig del af dagligdagen,
advokater gør, de folk alligevel vinder sagen,
kun folk i toppen får en bid af kagen,
mens de andre efterlades i sult,
får aldrig prøvet champagne smagen.

Det hele

Måske kan du ikke rime som jeg,
dog har jeg aldrig mødt nogen som dig,
smukkere end modeller, sødere end sukker,
du gør at jeg fra lykkens træ æbler plukker,
kompetencer er varierende mellem individer,
men det er som om du det hele besidder.

Smerte

Du fylder mit hjerte, min hjerne min krop og mit sind,
gir mig grund til at huske hver eneste mind',
du flyder i mit blod og gør mig blind,
men alligevel lukker du mig ikke ind,
så jeg må forsvind',
væk fra hvor du er,
for når du er nær,
pumper mit hjerte, mer' og mer',
og når du ikke føler det samme,
så vil kærligheden aldrig ramme,
som en elendig bueskytte,
jeg kan skyde og skyde,
men det vil aldrig nytte,
så jeg bliver nødt til at beskytte,
hvordan jeg føler indeni,
ellers vil denne smerte for altid forbli'.

Det vender

Nu sidder jeg her igen,
grædende på min seng,
tænker kun på hvor du nu skal hen,
ønsker du fortsat ville sidde her ved min sid',
men det håb virker for længst opløst og jeg er nu i en ny tid,
du kommer dig hurtigt og fortsætter dit kærlighedsliv,
mens jeg gang på gang sidder her træt, ked, grædende og alt
for stiv,
mine venner siger "L-P bare lad vær med at piv",
men det en fuldstændig umulig mission,
når personen som mentalt er din klon,
vælger at gøre det grusomt forbi,
der ønsker du at se dig selv som et lig,
du vil bare væk fra verden fordi,
du er destrueret fuldstændig indeni,
så hvorfor i denne verden forbli',
ja nu skal du hører min ven,
for uanset hvor livet fører dig hen,
så går tingene den rigtige vej på et tidspunkt igen

Pigen

Har så mange følelser at det gør helt ondt,
alle de indtryk der bare kører rundt og rundt,
så meget på en gang kan sgu' ikke være helt sundt.

Så mange smukke piger i det her land,
at det svært at vælge, tror 100 ikke jeg kan,
hver gang jeg tror jeg har fundet den eneste en',
en anden pige overtager mit sind,
så jeg igen står alene og blind.

Helt fortryllet og målløs,
foran mig står jordens smukkeste tøs,
slår alle modeller ned med et enkelt blik,
ikke en pige der bare vil ha pik,
nej hende her får dig til at lægge dit joystick,
hvis hun var sanger ville jeg kun hører hendes musik,
bare hendes stemme kørende konstant i mine ører,
det er en kvinde som hende jeg søger,
hun virker som magi,
gør mig lykkelig og livsrig,
jeg drukner i dopamin,
ja noget må jeg si',
det er sgu en fantastisk pig'

Kærlighed

Kærlighed, kærlighed, kærlighed,
fuck nu det, nu får i noget ærlighed,
for den her blødsødenhed,
kan ikke blive ved,
er træt, rasende og på vej ned,
for hvor fanden er min kærlighed,
i hvert fald et helt andet sted,
hvor jeg på ingen måde er med,
for når man er grim ulækker og fed,
så tænker pigerne, at det på ingen måde er dig de skal følges
med,
derfor jeg altid ender alene hjemme fucking ked,
tæt på at tage det sidste skridt,
mod en ukendt verden,
som forhåbentlig vil fjerne smerten,
for byrden på mine skuldre er for tung,
til jeg kan bær' den,
forlader min sjæl for at søge frihed,
fra et indre der er ødelagt fuldstændig,
måske kan det være at jeg dér kan finde en pig'

Roser

En rose er så fin, dér blandt andet grønt,
en rose er så smuk og dufter så skønt,
dog har en rose stadig torne såvel som skønhed,
tager du for hårdt fat kommer der blod,
stilken så lang og så nydelig et syn,
et blad altid tæt ved sin side,
bladet er der altid,
i skyggen af det centrale som et øjenbryn,
på en måde er vi ikke så langt fra hinanden,
natur og individ,
vi må forenes i en ny tid,
en rose er så fin, dér blandt andet grønt,
en rose er så smuk og dufter så skønt.

Virkelighed & Drøm

Mit hjerte smelter når jeg ser på dig,
flammer rammer mit sind,
alting brænder sammen i en farlig leg,
har svært ved ikke at blive blind.

I mine drømme vinder jeg legen og du står ved min side,
men virkeligheden er en anden,
og igen må jeg i det sure æble bide.

Derfor lever jeg i mine drømme,
der vælter lykke og glæde ind over grænser i stride strømme,
import af kærlighed er det vigtigste i disse tider,
men i mit firma er det eksport der er i fokus,
jeg tror jeg er en hardcore udsmider,
men jeg bare en omsorgsfuld knægt,
der tog den forkerte bus.

Søvn

Jeg kan ikke sove,
fordi jeg kun tænker på dig,
jeg kan ikke sove,
alt for mange tanker i mit hoved,
jeg kan ikke sove,
fordi mine tanker ikke stopper på dets vej,
jeg kan ikke sove,
fordi håbet om din kærlighed er langt større end jeg troede,
jeg kan ikke sove,
fordi jeg er ensom og trist,
jeg kan ikke sove,
fordi det er håbet jeg er ved at mist',
jeg kan ikke sove,
fordi du ikke er lige her,
jeg kan kun sove,
når du er mig nær.

Et malet brød

Hvis floden forsat skal flyde
Må al ting gå i stå
Malet med dialogiske lyde
Bevæger kornet sig op gennem strå

En kornmark høstes så grusomt
Når egoisme træder ind
På væggen er der helt tomt
Intet er malet, kun et ødelagt sind

Høster du kornet sammen med de andre
Maler du kornet til mel, derefter brød
Måltidet lader sig nu vandre
Mætter alle der ikke ligger død

Freud

Blodtørstige brødrer blaffer bande bøller,
bandebosser banker brutalt børn med på bande bølger,
blodig barndom beskriver begyndende bølleri,
men før frygtelige faktorer frembringer forfærdelig filosofi,
kommer kærlighed krybende og krammende kulminerende
med gangsteri,
en moder misforstår mørke mønstres medrivende mani,
måske mennesker med morderisk mentalitet,
misforstår måder man modstrider militæriske missioner,
sindstilstande slanger sig snigende som SKATs sørgelige
spioner,
sindssyge soldater samles som superhelte,
storhedsvanvid og selvpromotion spiller skak,
samtidig ser man solidariteten smelte,
vilde voldsmænd virker som vulkaner,
virksomheder vælter,
bygninger beton byer betaler bande beløber,
sprængfarlige sedler,
pengesedler påpeges personligt på parkeringspladser,
profit, para påkræves,
pligter påtages så pengene passer,
kunder kommer køber konstant,
konger kommer henter kontant,
kokain kommes kærligt på kaffe kander,
livvagter løber lydigt ligesom løver,
love ligegyldige når para lander,
regeringer regner ruller røver risfolk,
diplomater debatterer dikteres dybt med en dolk,
Grusomme gerningsmænd gøder gangster grunde,
tatoverede typer taper tapre tinsoldater tunger,
hash heroin holder handelsmænd højt,
finanser finansierer fornøjelser,
folk forkaster Freud.

Drømmen

Hvis din største drøm er ikke at være den du er,
hvordan finder du så en virkelighed der er elementær,
du står nøgen foran alle som i kejserens nye klær',
en vej så let at ta' og alligevel bliver den så svær.

Tilfredshed

Nuancerede forhold gør mig glad,
der er så meget mere at tænke på når jeg er i bad,
elsker at vandre rundt i en hovedstad,
har så meget kærlighed,
næsten intet had,
har så meget jeg ikke vil efterlad'
har så lidt utilfredshed,
har så mange der giver mit indre fred,
har så få der bringer mig bare en smule ned,
falder for næsten et hvert individ
så mange der har så meget venlighed
en god dag der til tider ender et andet sted.

Sammenhold

Sammenhold skaber solidaritet
Smykker starter systemer stort set
Systemer som smadrer sammenhold
Skudofre, slaver, sindssyge som sikkerheds skjold
Skjulte skytter sluger sjæle
Som strandede syge sæler
Skimasker sænkes
Slyngler stjæler
Skaden snart sygelig
Slipper styret skræmt
Sørgeligt.

Lys

Kanoner kæmper kys
Livet lugter lys
Følelser finder frys
Og en skikkelse kommer i øjeblikket af et nys

Kaos

Mit hjerte fryser min krop er helt kold,
verden handler ikke om andet end magt og vold,
alt går i stå,
mit lys det går ud,
lukker ørerne for politik og pistolskud,
mine tanker kan ikke klare alt det kaos mere,
en verden hvor problemerne bare bliver flere og flere,
mit håb holdes kun oppe af den ubeskrivelige kærlighed,
til de mange personer der sørger for at jeg ikke er ked.

Et blik før døden

Tænker tanker tungere end bly,
flyver forvirret rundt rammer en sky,
svæver lidt der mens jeg kigger ned,
på en verden der er ved at tage sin afsked,
Mellemøsten flår hinanden i stykker,
Syrien går amok,
Palæstina og Israel bomber hinanden,
mens vestens kvinder bare tænker på smykker,
mange mennesker måler prestige i kontanter og biler,
jeg måler det på om folkene omkring mig smiler,
for materielle goder kan potentielt skabe smil på læberne,
men det kan også få folk til at spænde i kæberne,
så husk på, at det som ikke kan købes med dit dankort,
er det som du husker lige inden du går bort.

Go' smag

Mine måder at holde mig på et stabilt plan,
er at ytre hvad jeg tænker og føler gennem lyrik,
for det meste bare til min klan,
men jeg ønsker at gøre noget for alles blik,
på hvordan verden den faktisk ser ud,
der er større skavanker end om du nu bliver en smuk brud,
hvilket jeg nu egentlig er sikker på, at du gør,
de fleste piger er jo egentlig smukke,
ellers har i jo for helvede et slør,
så når du klynker over hverdagens kvaler,
som dine lektier, dit kedelige job eller dine alt for grimme sandaler,
så husk på at solen alligevel skinner rimelig klart,
der hvor du står i din fine skjorte og har det rart,
du ser endda måske i virkeligheden godt ud,
det måske faktisk en rigtig god dag,
pludselig kommer du i tanke om at konen skal til yoga,
og at I har bestilt mad fra en netværksside med sloganet "go smag",
så står du der i dine lidt grimme sandaler,
og tænker at dine sokker trods alt er pæne,
der er som regel altid et eller andet smukt,
at finde på vore alles græsplæne.

Krig

Soldater stiller op i en militant hær,
unge knægte med mentaliteter som et militær,
er klar til at kæmpe mod alle og enhver,
for at stille deres lyster grådighed og begær,
og mens bander rekrutterer flere og flere unge naive sjæle,
så tænker bossen i toppen kun på sit eftermæle,
ingen empati i en verden bygget af grusomhed,
kun individer der maler mørke billeder, med blod og sved,
billeder der bliver til malerier, som tiden går,
motiver for koldblodighed der udvikler og forstørrer sig år efter år,
når du i mørke på stedet står,
er omringet af gorillaer klar til at dræbe,
uanset hvem de slår.

Lyde

Respekterer fagmænd i lydens miljø
Har bragt mig mange glade stunder
Så mange gode sjæle der står i kø
Mens der venter så mange kunder

Folk der leder efter en ny lyd
Så de kan føle den foran spejlet
Forelsker sig i den nye lyd
Indtil de igen vender sejlet
Bryder med at stilheden er en dyd
Indtil larmen gør at de har fejlet

Lyde der gør mig stærk
Lyde der tilfredsstiller mit sind
Lyde der hjælper til mit livsværk
Lyde jeg bare lukker ind

Jeg dyrker musikken i mit indre
I gode tider og i dårlige
Styrker glæden, gør at sorgen lindre
Følelser er desværre ikke vilkårlige

Der er intet bedre end bare at lytte
Tænke over tingene, bare nyde
Hverdagen, og spytte
Tanker ud på vandet, så de kan flyde.

En heldig håber

Fortæller historie gennem symboler
På skrift, fra mine hænder
Fortsætter min tid i skoler
Med viden, vilje og venner.

Linjer der udtrykker følelser
Fra hjertet på en ungt knægt
Mit sind det ser spøgelser
Min hjerne, bøf på grillen, helt stegt.

Vinden vender vores tanker
Styret fra toppen af pyramiden
Bekæmper stormen, med et hjerte der banker
Mentaliteter der må nå forsiden

Håber, men forventer intet
Har bare brug for at ytrer
Hylder folk der vasker sindet
Heldig med hvor jeg lytter.

Stabilisering i et samfund
Venlighed på vandretur
Et hul uden bund
Er sammenhold i bur

Håbefuld

Brugbare bekendtskaber giver lys,
I en mørk forsamling.
Sorte hætter bringer gys,
Blandt blokkens ældre slæng.

Folk vil bare hente profit,
Vold henter intet guld.
Revolutioner rammer kun skidt,
I mine tanker er jeg håbefuld.

Kredsløbs tendenser giver energi,
En verden der er løbet tør.
Hver en bil, på hver sin sti,
Mange med en lukket dør.

Indtil døren bliver åbnet af en ven,
Der vil have båndet løber.
Han bryder forbandelsen
Vi alle går og køber.

Én dag - Part 1

Fugle kvidrer solskindsstråler rammer min seng,
folk går udenfor, ser bestemte ud, de har nok et sted de skal
hen,
på hjørnet kan jeg lige ane Enez min ven,
jeg vinker en enkelt gang, og han vinker igen,

jeg kigger ud af vinduet ned i blokkens midte,
i solskindsstrålernes skær virker gyngerne ikke helt så slidte,
det faktisk utroligt hvordan betonblokke kan lyse op på en varm
dag,
jeg beundrer det et øjeblik, indtil jeg igen vender tilbag',
tilbage til at ligge i sengen og dase,
inden turen endnu engang går ud af døren her på Lilletoftens 2.
etage.

Det tar' mig altid et par minutter at komme op,
jeg når altid at tænke det 80 gange inden mine ben følger trop,
jeg rejser mig og går direkte ud i bad,
det er den bedste start på dagen, bortvasker altid alle tegn på
had,
refleksioner gør jeg mig altid mange af under vandets silen,
jeg føler mig som Robin Hood lige inden han slipper pilen,
i mit rette element klar til at gøre hvad jeg er bedst til,
tænker over alle aspekter af dette komplekse livs nuancerede
spil.

Når jeg føler jeg endnu engang har spillet mig et par niveauer
højere,
stiger jeg ud tørrer mig, og føler med de sjæle der tilbringer
nætter i hængekøjer.

Ligger mig tilbage blandt vennerne, hovedpude og dyne,
stiller bevidst vækkeuret så det står lidt ude af syne,
vil ikke vækkes vil bare ligge her,
når altid at tænke et kort sekund, at jeg slet ikke orker det her
skoleliv mer',
men fornuften gør jeg ikke glemmer hvad nok er bedst,
sætter mig på kanten af sengen og tager strømper på en smule
trist,
sidder lige og tænker et kort sekund,
det er ikke lang tid men mange tanker når at køre rundt,
ifører mig herefter de sædvanlige tekstil produkter,
en lidt for stor T-shirt, en hættetrøje og et par grå
joggingbukser.

Tænder fjernsynet for at se lidt nyheder,
kan godt li' lige at se hvad verden den endnu engang byder,
det første jeg hører og ser, er en dame der brokker sig over
folk der skyder,
hun er ikke tryg ved at gå rundt i nattens skumle gyder,
forstår hendes utryghed og frustration,
folk nu omkring er så urutinerede de nemt rammer en uskyldig
person,
hun snakker om at alle bare skulle bures inde,
men det er sgu svært at få alle de onde sjæle til at forsvinde,
unge dumme knægte vandrer rundt i blinde,
bliver lokket til, af formene på en smuk kvinde.

Hvis de så bare kunne bekrige hinanden og ligge ghettoer øde,
så ville den almene dansker ikke bøde,
for bander vil se andre bander bløde,

underligt de ikke selv forstår de ender buret inde eller døde.

Mine øjne fanger igen vækkeurets klokkeslag,
det er sgu ved at være tid til starten på endnu en skoledag,
jeg slukker fjernsynet og fylder tasken med de normale
ingredienser,
til at sammenkoge dagens faglige tendenser,
computer, bøger og oplader medbringes,
samt et smil på læben der aldrig må helt fortrænges.

Værdsætter de forhold jeg lever i,
lever hverken i oversvømmelse eller borgerkrig,
går ned af trapperne omringet af gule vægge og hvide trin,
inden jeg rammer bunden tørrer jeg lige en vanddråbe af min
kind,
den kildede i det skæg jeg er ved at implementere,
griner lige hurtigt over mine egne tåbelige og skøre ideer,
sætter mig op på cyklen og trykker pedalerne i bund,
elsker den her rutine cykeltursstund.

Samler tanker og ideer mens jeg er på vej i skole,
ser en pige med en måske lidt for kort sommerkjole,
kigger ikke for længe selvom hun ser godt ud,
skulle nødig pludselig falde og få blodtud,
så engang en knægt kigge efter kvindeformer mens han var i
fart,
udfaldet af det så bestemt ikke ud til at være rart.